EL LIBRO DE LAS HERIDAS

EL LIBRO DE LAS HERIDAS

Poemas

Anna Rai Anand

TÍTULO: *El libro de las heridas*
AUTORA: *Anna Rai Anand©, 2023*
COMPOSICIÓN: *HakaBooks - Sears Towers12*
DISEÑO DE LA PORTADA: *Hakabooks©*
FOTOGRAFÍA E ILUSTRACIONES: *Aportadas por la autora©,*

1ª EDICIÓN: *diciembre 2023*
ISBN: *978-84-10173-03-3*
DEPÓSITO LEGAL: *B 22442-2023*

HAKABOOKS
08204 Sabadell - Barcelona
☎ *+34 680 457 788*
🏠 *www.hakabooks.com*
✉ *editor@hakabooks.com*
f *Hakabooks*

Una herida no es gran cosa,
excepto si la conviertes
en el centro de tu vida.

(Joan Garriga)

La cura para el dolor,
está en el dolor

(Rumi)

A Greg
porque sin su ayuda
día tras día,
sin su amor paciente,
este libro
no existiría.

Los amores

Te amo como se tiene que amar
con miedo
con ira
con locura
con desesperación
con la muerte

Primer amor

Terminaba el verano
en la tierra agostada
al lado del río.
Él con brazos que trabajaban el
campo
y un nombre que en mi boca
murmullaba
como un remolino de agua,
mientras lo trazaba en el diario,
hojas y hojas con su nombre
pintado
en rotulador,
que besaba.
En el coche mis manos se
agarraron
a sus muslos,
su tacto alisado,
su vello fino como pelusa de lana.
Hasta que su sexo rompió mi
membrana
de virgen
y él entró en mí,
él gritó en mí,
y por primera vez
fui parte de algo.
Me llevó hasta casa
y bailé debajo del porche,
la cazadora ensangrentada
entre los brazos,
como una presa vencida.
Se apagaban las estrellas,
en el blanco humo del amanecer.

Florecía, a pesar del aire helado.
Yo no sabía que mi padre vigilaba
tras la ventana,
ni que su mano se lanzaría sobre mí
al abrir la puerta,
no sabía que no volvería a hablar
con ese hombre,
verano tras verano.
Yo cumplía dieciséis años.
Creía que ese hombre,
ese placer enclavado en mis
piernas,
serían para siempre.
No conocía los nombres
de los que vendrían después,
los cuerpos que entrarían
en mi cuerpo,
en noches ebrias como ésta,
penetrando en mi soledad
antes del olvido.
No conocía aún la esencia del amor,
su vida breve como un cuarto de
luna,
su cicatriz y sus repetidas
ausencias,
como el dorado verano,
que inagotable nace y muere,
nace y muere.

pronto

Hope your exams go well.
I will write to you a proper
letter soon - I just wanted
to let you know I hadn't forgotten
about you. Lots of love - & to your family.

(San Franciso, 1998)

(Espero que tus exámenes vayan bien. Pronto te
escribiré una carta de verdad- tan solo quería
que supieras que no te he olvidado. Mucho
cariño para tí y tu familia)

olvidar • ⌜v. tr⌝

1. Dejar de retener algo en la memoria.
2. Dejarse algo en algún sitio.
3. Dejar de hacer una cosa por descuido.
4. No tener en cuenta una cosa.
5. Dejar de sentir afecto o interés por una persona o por algo.

El hambre

Me aterra
este deseo que siento en mí,
una especie de hambre
sin esperanza.
Todo el día lo siento,
picarme el corazón,
como una paloma obstinada
con las migas del suelo.
Me aterra el animal en celo
que llevo dentro.
En la noche cerrada
te dejo penetrar
en mi corazón acorralado
por la herida.
Mientras,
las polillas acercan a la luz
sus alas de papel,
y sin darse cuenta se mueren,
se mueren.

Tú y yo,
una tarde

Has conducido hasta el hotel
con juguetes en el asiento
trasero.
Hojas marrones a la ventana,
fluctuando.
El invierno es el sesgo de luz
cortando la tarde,
y este silencio antes de la
nevada.
El vino está servido,
en copas redondas encima del
escritorio.
Apago la música
—Rain in your black eyes—
para coger tu amor en mis manos
para enrollarlo en mi boca
para hacerlo crecer
como una torre de pieles y sangre
y olvidar el tiempo
que tenemos pactado.
Hay cosas que son insoportables.
Por ejemplo,
que dentro de poco volverás al
coche,
con los juguetes detrás,
y conducirás en el vapor
blanquecino
hasta las hondas aguas del río,
hasta la casa de piedra
donde ella espera,

quieta como una vela apagada.
Por ejemplo,
este aguanieve
licuándose en la acera,
esta grieta en la tierra
invernal.
Palomas negras en fila,
alejándose.

En tu ausencia
descubro
mi soledad

En un hotel
en París

La habitación del hotel daba a un
patio interior,
con árboles color ciruela,
y era a finales de octubre en
París
y era el atardecer,
cuando abriste la puerta.
No dijimos nada,
pero se escuchaban nuestros
alientos,
algo tímidos.
Primero me quitaste la blusa,
bajando los tirantes hasta el suelo.
Yo no llevaba nada debajo.
Luego me quitaste la horquilla
que me sujetaba el pelo
y luego fueron las bragas,
todo en silencio.
Y nos miramos a los ojos
y yo vi mares silenciosos de
llanto,
y los espacios perdidos de la
infancia,
y las tardes de invierno jugando
con tus niños
solo
en el comedor.
No quedaba ropa por quitar
y ésta es la lista de lo que tus
manos
hicieron caer

en una habitación de hotel en
París
a principio del otoño.
Primero tus manos alcanzaron mis
muslos
y cayeron al suelo las veces que
me sentí fea.
Fueron bastantes veces,
por eso tus manos tardaron
bastante,
deslizándose despacio,
centímetro a centímetro,
tus manos nerviosas como palomas
revoloteando por encima de mi
celulitis.
Luego te agachaste a besar
la cara interna de los muslos
y cayeron al suelo las veces
que me sentí invisible,
y las veces que la rana negra de
los celos
se posó encima de mis labios
y los mordió.
Luego besaste la corva
y las palomas subieron a las
caderas,
mis caderas hechas de cristal,
y cayeron los rechazos uno a uno,
había unos cuantos
con nombre y apellido,
algunos aún derramando
su gotita de sangre.
Así cayeron mis años de cucaracha
en el instituto,
los novios que no tuve
luego cayeron los que tuve,
toda la locura humana con nosotros

en la habitación.
Tú me besaste las manos,
con labios dulces,
y cayó mi padre cuando me dijo
puta.
Y vértebra a vértebra cayeron
los que me tocaron sin
consentimiento
o cuidado,
y la vergüenza se desplomó,
mientras tú me escalabas
como se escala una montaña
sagrada.
Sin la vergüenza me sentí
desnuda,
un pájaro con el plumaje
arrancado.
Me llegó frío pero tú sonreíste
y aún quedaba trabajo por hacer
así que no paramos.
Tus dedos me tocaron hueso a
hueso,
donde no me había tocado nadie,
hicieron de mí un caracol
y todo caía muerto encima de la
alfombra.
Oí las ideas locas de mi madre y de
mis abuelas,
"los hombres solo quieren eso"
y también
"después de haberlo hecho contigo,
irán a por otra."
Las ideas locas también cayeron,
y finalmente cayeron los abortos.
Cayeron todas las caricias que no
hubo
y las palabras que no se

escucharon,
cayó el amor que quedó congelado,
y cayó el alegato final,
el "Tú no tienes derecho"
atrapado en mis oídos desde que
nací.
También cayeron, dulcemente,
horas y horas en soledad,
el dolor feroz del aislamiento,
y la culpa de haber nacido.
Toda esta basura fue cayendo,
dedo a dedo,
y mi coño empezó a arder
de las ganas de entrega.
Y la noche ya estuvo con nosotros,
y no habíamos encendido luz
ninguna,
parecíamos hechos de radio tú y
yo,
ángeles resplandecientes.
Por fin llegó el momento de
acercarme,
y sin nada encima
era yo de verdad.
Tú dejaste tu mano de mariposa
en mi corazón,
y cayó la valla de hielo
que lo rodeaba.
Eso fue lo último.
Seguíamos abrazados
y era noche cerrada en París
cuando por fin cayó el miedo.

Y el vacío se instala en mí.
Estoy sola,
por el filo del monte.
Y aún me resisto,
amor,
a abrirte la puerta.

Nocturno

¿Qué hacía conmigo antes de
añorarte?
Mis días eran blancos
como un campo de nieve.
La luna hoy
es fría y plana
como una moneda de hierro
y crujen
las hojas plateadas del olivo
y la muerte ronda
como un lobo hambriento
tras la ventana.
Cada vez que sales de mí
soy vacío.
Soy una herida
sentada a la mesa
escribiendo.
Lamiendo tu huella
en mi cuerpo
soy una perra
abandonada.

Escribo
porque soy infeliz

Nuestra extraña forma de amar se parecía demasiado a la añoranza

Lámparas de araña
en el Dome.
Ostras crudas y Bloody Mary
para el desayuno
del domingo.
Cigarrillo tras cigarrillo,
escribiéndote en las servilletas
del Dôme
porque eras sordo.
Tú borracho-en-lágrimas
entonando el poema
de Robert Burns.
Mi amor es como una roja rosa
roja.
Tus tarjetas de Navidad
cada año en el buzón.
Después de tu muerte
encontrar en tu cuarto
en cajas de zapatos
miles de servilletas con mi letra.
Después de tu muerte
en las cabinas de teléfono
pegar el oido al auricular
y encontrar la nada.

SI SOLAMENTE
SUPIERAS CÓMO
AÑORO

añorar · ⌈v· tr⌉

del latín *ignorare*, que significa
ignorar, no saber ·
en el latín oral se empleaba en
expresiones como *ignorare de aliquo*, con
el significado de no saber el
paradero o la situación de alguien, de
ahí fue derivando el valor de echarlo
de menos·

1. Recordar con pena a alguien o algo
   muy querido, que ya no está·

Earls Court Road

El último claro del atardecer
derramando luz de melón
en la boca del tube.

Sopa de ostras y pollo frito
en el aire espeso,
taxis lacados de negro.

Te acuerdas de como nos
lanzábamos
a la calle
con los tacones y una botella de
ron.

Hombres con nombres extranjeros
nos esperaban
al otro lado de la noche.

Soplaba el verano con flor de
cerezo
en Earls Court Road,
cuando tú me mirabas.

El secreto

Esta noche su marido
se ha acercado a ella en la cama
frotando sus caderas en su
espalda,
después de meses sin tocarse.
Ella esta vez no ha rechazado
sus dedos exprimiendo sus pezones,
su sexo meneado entre sus
vértebras,
y se he lanzado sobre él,
soplando encima de su boca
abierta.
Ha levantado sus caderas
entre sus manos,
ha abierto las piernas para que él
se colocara
en la raja de su cuerpo,
se he agachado y ha abierto la
boca
para coger su polla,
la polla del marido.
Él se ha corrido,
ella se ha corrido.
Tienen un protocolo de confianza,
ensayado durante 25 años.
Su marido se ha hundido en el
sueño,
su corpulencia aflojada como un
león abatido,
sostenido por la dura tierra.
Ella ahora no duerme y escucha en
la cama

un lloriqueo
desde el fondo negro de los
acantilados.
No duerme y escucha,
desde el profundo mar.
Tal vez sea el llanto de un pájaro
marino,
atrapado entre el plástico en las
rocas,
o tal vez sea alguien que ha
perdido algo valioso,
un alma que rastrea en la arena
fría,
en la oscura noche,
aquello que no encuentra.

Con esta inquietud en el corazón,
con esta inquietud
el vapor de la lluvia
en el día blanquecino
las huellas
en la húmeda acera
la lumbre en un instante,
mirándote.

Lo único
que me llena

es

el

vacío

La primera vez que haces el amor con tu marido después de que tu amante te ha dejado

Madrugadas selladas en hielo.
En la habitación te despierta
el dulce y podrido hedor
del amor muerto.

Amores imposible

Hay amores que no pueden
revelarse,
son líquenes pegados a las rocas,
verde musgoso que penetra
las lápides sepulcrales,
en la sequedad y en el hielo
de una madera muerta,
brotes esponjosos
que todo lo aguantan,
tercos,
pero no acogerán la luz,
no serán planta viva.

Luna en Piscis

En la hora azul
me retiro
como cuarto de luna
menguante
en un mar de silencio.
Sueño.
En la hora negra
la luna cruje en el pozo
donde hundo mis huesos
adrede.
Digo en el pozo
adrede
porque tú no estas.

Todo huele a tierra y a sangre.
El hueco blando detrás de tu
rodilla,
tu espalda tallada en el mármol,
tu sexo creciendo en mis manos.
Nos uníamos en el sueño,
sin hijos
sin parejas
sin futuro.
La memoria es un tarro de higos
confitados
tan dulce que al destaparlo
ya hastía.
Cuando me decías que me amabas,
yo quería clavar mi mandíbula
en tu cuello.

El camino

Empecé el camino,
pero pronto lo interrumpí.
Vi trigales de oro,
el bello azul del amanecer,
los peregrinos enterrados
en montañas de polvo.
Me sangraban los pies,
como peces cruzados
por un corte de navaja.
No sé si te amo lo suficiente
como para hacer esto.

Llegué a la estación.
Tú me buscabas en la multitud.
Te pasé por delante,
luego de lado,
luego detrás.
¿Dónde estás mirando?
Revoloteando tras tu espalda
como un insecto atrapado
en el miedo,
para sorprenderte.
Tú te giraste
y ahí yo estaba,
detrás tuyo,
esperándote.
Tú dijiste:
No sé cómo he podido no verte.

Yo lloré.

El hambre de amor
no es el amor.
El esfuerzo para que este amor
exista,
no es el amor.

Tus manos
como palomas
en mis
sueños

Plegaria a Dios

Dios
en otra vida
yo quiero ser
esta perra en celo
restregando en la pradera
su coño abierto
como una campana.
Quiero ser como ella,
ojos de cuchara
volcados hacia adentro,
muslos y vértebras y blandas
carnes
hundiéndose en el verde,
para acoger a un macho.
Dios deja que en otra vida
yo sea como ella,
una cosa sencilla y húmeda
plantada en el rojo atardecer,
ciega de ganas
soplando en el verde silencio,
una cosa sin complicaciones
ni rencor,
y si seré eso Dios,
si seré eso,
tal vez en esa vida
él no se irá.

Sólo aquella vez

Era una noche de estrellas
que caían en el cielo
y caían.
En la casa en el campo
habíamos llorado una tarde
de sol ardiente,
tú y yo,
en el frescor debajo del roble,
y una noche entrelazé mis dedos
a los tuyos,
y tú te fuiste a dormir.
Pero esa tarde la herida estaba
viva,
y tú me viniste a buscar,
y yo te esperaba,
como una cruz plantada en la
hierba,
y no era nada extraño ni
complicado,
era como ser el primer hombre
y la primera mujer.
Por una vez estábamos
sincronizados
en el deseo
y no en el miedo.
Y nos fuimos hacia los matorrales
negros,
y la noche era limpia,
inundada de estrellas,
y las conté una a una
tumbada encima de tu cazadora.
No cerré los ojos

y las estrellas me caían
como flores encima del pelo.
Y, después
Oh!, después
compartimos el silencio
como un pan sagrado
y caminamos horas
yo a tu lado
caminamos en la noche
en el aire caliente
en la hierba agostada
en el olor a romero
y visitamos una capilla vacía
y escuchamos a los lobos
en el monte
y no existía ni la muerte.
Y aquella vez
y solo aquella vez
supe para qué era la vida.

Bruxismo

No es la primera vez que me
enamoro.
Hubo alguna más,
guardada entre las hojas
amarillentas
de mis diarios,
flores arrugadas
ya hechas aterciopelado polvo.
Hubo dos o tres veces,
y cada vez parecía
que se arreglaba todo.
Y luego ocurría algo
— el grito inesperado de un
murciélago,
unos pasos secretos
en la noche,
un gato que traía
la sangre caliente de una rata
llenándole la boca—
y volvía el aburrimiento,
volvía a pensar en la muerte,
cada noche,
yo sola en mi cama,
apretando los dientes.

Cosas que nunca
hemos hecho por estar
casados con otro

Dime si quieres,
si te apetece,
ser el amor de todos mis días.
Si tú quieres te propongo
placeres extraordinarios
que nunca hemos compartido.
Por ejemplo:
podríamos ir al supermercado
a comprar pastel de helado
y flores para esta noche
luego aburrirnos a muerte
con películas francesas
en el sofa.
Podríamos leer el periódico
el domingo
en la cama calentada por el sol
del mediodía;
y si estuvieran los niños
podríamos ir al parque
a empujar columpios oxidados
y comer patatas en McDonald's,
rebozadas en salsa roja
y crujiente grasa.
Tú podrías ir a correr por el campo
y yo me quedaría
ojeando un libro,
en la quietud templada de la tarde,

sin miedo a perderte.
Y luego podríamos
salir al bosque
a caminar entre las hojas
de los densos robles.
Dime si te apetece dormir la
siesta
en la sombra al lado del río,
mecido por mis brazos
y por la brisa.
Dime si te apetece
no hacer nada
solo quedarnos cerca
día tras día
solo dormir al lado
noche tras noche
envejecer
desafiar juntos
al tiempo
al desamor
a la muerte.

Love in Lisbon

A pesar de que me apuntaste un
rifle
en una noche de luna rota en
París
y disparaste directo al esternón
a pesar de que yo te enredé el
cuello con mis dedos
y apreté la blanda piel justo
donde la clavícula
a pesar de la matanza que hicimos
de los hijos
en el quieto matadero de las
tardes de domingo
donde mueren de aburrimiento las
familias
con dos niños y un perro
y un jardín trasero y un Audi en
el garaje,
también estuvimos uno en frente
del otro
en el calor amarillo de Lisboa
las frías burbujas del champán
chisporroteando en nuestras bocas
las ostras goteando limón en las
manos
y hablamos de nuestros amigos
y de nuestras madres
y de como queríamos morirnos
y de aquellos soplos al corazón
llamados sueños
y tú me miraste
y yo te miré

y nuestras atrevidas palabras se
enredaron
en el humo de los cigarrillos
ascendieron como globos
en la noche hirviendo
y alcanzaron las mullidas pistas
donde los ángeles juegan a la
petanca.
Y los ángeles despertaron y se
lanzaron
a patinar por la anchura del cielo
con los brazos arriba
como banderas para una fiesta,
alegrándose por nosotros,
porque a pesar de lo que hubo,
también hubo amor.

Como un insecto atrapado

Tú dijiste:

No sé cómo he podido no verte.

Yo lloré.

— Entonces te has vuelto a
casar.
— Sí.
— Has tenido otro hijo.
— Sí.
— Te leo en el Facebook.
— Yo también te leo.
— Sigues en el mismo trabajo.
— Sí.
— ¿Y eres feliz?
(Sus blancos silencios entre
nosotros, como gaviotas
en el aire)
— Feliz aún no.

— I just wanted
to let you know)

(Tan solo quería que supieras

aún no

I hadn't forgotten

about you.

que no te he olvidado)

La familia

A mi hija pequeña

A veces, cuando contemplo el
enredo negro de tu pelo,
tu boca como un corazón sellado
mientras duermes,
tu belleza derramada en las
sábanas limpias de tu cama,
me acuerdo de cuando te sacaron
de mi cuerpo,
de las conchas intactas de tus
párpados,
sin estrenar,
y la piel fina como una tira de
melocotón,
tu manita agarrada a mi pecho
hinchado,
y me acuerdo de las luces opacas
de la sala de parto,
y del silencio hueco, mirándote,
y del blanco amanecer,
y de cómo en un instante me
escapé.
Me fui hacia las cimas de las
montañas,
hacia los picos
sumergidos en la nieve helada,
donde el espacio se vuelve
enrarecido,
donde no llegan ni las aves,
y me dejé caer y caer
y no quería ser tu madre.
Y un instante más tarde volví-
volví con la culpa, para siempre,

y tú para siempre con la
vergüenza.
Te acerqué a mí,
olisqueando tu aliento lácteo,
tu cabeza mojada,
tu corazón verde, que no lo sabia
aun,
es un corazón enchufe,
capaz de alumbrar habitaciones.
Y yo me convertí en tu madre,
y tú te convertiste en mi hija.

A mis hermanos
abortados

Fue una decisión entre adultos.
A mí no me contaron nada,
pero lo presentí,
entre los silencios y el pastel sin
tocar,
en mi segundo cumpleaños.
En las fotos de familia
puedo rastrear el comienzo exacto
de vuestra ausencia:
donde la boca de nuestra madre
florece como un corte,
y nuestro padre ya ni aparece,
ahí ya estabais vosotros,
cruces excavadas en la tierra,
sin nombre.
Tengo la intuición
de que érais varones:
piel-ala de-mariposa
y astillados huesos,
como yo.
No he podido hacer de hermana
mayor.
No os he podido enseñar
los bosques ocultos
donde me refugiaba,
ni las torres de libros en mi
habitación
junto a las muñecas,
ni cómo dar de comer a los patos
en el parque
ni cómo matar la soledad

los domingos por la tarde.
Tuvisteis mala suerte –
por una cuestión de tiempos
a mí me fue permitido
cruzar la membrana de la oscuridad,
ser cuerpo.
A vosotros os tocó el destino de ser
grumo desechado,
arma de guerra,
olvido.
Fuisteis sacrificados para la
venganza de género.
Desde el día de vuestro sacrificio,
en nuestra familia no hubo marcha
atrás.
Nunca más se escuchó una palabra
amable.
Echamos a perder todo lo que es
frágil.

Ser de la familia

Mi abuela, cuando la encerraron
en el psiquiátrico
y le ataron las patas con cuerdas
a la camilla
y vio a su marido entrar en el
cuarto
para montarla,
se lanzó a patalear
como una merluza escurridiza en
el muelle,
y por primera vez en su vida dijo
No
al hombre al que 25 años antes
había dicho Sí.
Gritó tan fuerte que ni Dios pudo
hacerse el sordo
y acudieron todos en el cuarto,
las enfermeras que merodeaban en
el pasillo
y el gran psiquiatra con un
bigote
como una S tumbada,
y algún que otro loco, en su hora
libre.
Todos ellos acudieron
ciegos como gusanos,
y el grito de mi abuela se unió
al de todas las mujeres
en un gospel que bajó
como un chorro de lluvia,
bajó en todos los psiquiátricos
bajó en el campo y bajó en el mar

bajó en los parques infantiles
y en las calles de domingo
donde mujeres solas empujan
cochecitos,
y en las oscuras habitaciones
donde las manos de los hombres
hurgan sin permiso
y en la soledad de las cocinas
donde las madres ahogan repollos
en ollas llenas de llanto
hasta el cuarto con biblioteca
donde escribo hoy,
yo, la intelectual con gafas de
pasta
y cuatro idiomas
chupando la oliva verde de un
Martini,
y de lo que más me acuerdo es de
cuando ella
se acostaba a mi lado
en las tardes calientes de verano
y me soplaba
Tú, niña mía, hazlo diferente
y yo quería, oh yo quería por ella
por sus manos de romero
cuando me acariciaba la cara
por sus rosquillas anisadas y su
arroz con leche,
por su boca que era como el
amanecer,
pero yo era de la familia
y no era diferente.

herida · ⌜s. f.⌝

1. f. Perforación o desgarramiento en algún lugar de un cuerpo vivo.
2. f. Golpe de las armas blancas al herir con ellas.
3. f. Ofensa, agravio.
4. f. Aquello que aflige y atormenta el ánimo.

Ella: era un hombre bajito y ni siquiera sabía bailar. Con lo que me gusta a mí bailar.

Yo: porqué le elegiste a él.

Ella: yo tenía a todos los hombres del pueblo a mis pies.

Yo: porqué le elegiste a él.

Ella (su boca como una cicatriz): porque él me quería.

Me hacía sentir especial

El gusano

Podría quedarme toda la noche
escuchando la voz de los muertos
deslizar por la negra hilera.
Penetran en mis oídos
como un maldito tinnitus.
Ésta es la voz de mi abuela
entre los sacos de pienso en el
corral,
cuando un domingo me llamó
Ani, mira mi vestido,
las manos aún con sangre de
conejo
acariciando la seda de la falda,
y yo miraba sus pies hinchados
en las alpargatas,
sus ojos de albaricoque amarillo,
su vanidad gordinflona,
su traición,
y la odiaba.
Solamente años después de su
muerte supe
que el odio es una forma de amor.
Como cuando encuentras un gusano
diminuto y rollizo,
un gusano vivo,
enroscado en las tripas
de un bonito melocotón,
y lloras.

Regresar al 11 de mayo 2017[1]

A veces sueño que regreso al día
antes de ese día.
Regreso a la casa que habitaba,
a la puerta de cristal y hierro
forjado,
a los azulejos en el estrecho
pasillo,
al patio andaluz.
Hay un naranjo que se abre en el
centro del patio,
hay una bóveda de rosas
trepando la pared,
hay juguetes esparcidos
por la hierba compacta.
Yo soy una mujer flaca
sentada en la hierba,
con ropa desaliñada,
casi de hombre.
Me acerco a mi misma y la agarro
de la mano.
Le digo:
"No lo hagas. No vayas mañana a
abortar.
No abortes!
Te arrepentirás. Desearás
matarte.
La noche después del aborto,
mañana noche,
él no estará y tú gritarás

_____
1 Inspirado por un poema de Sharon Olds

75

en este patio, sentada en esta
escalera,
con el útero vaciado
y una navaja entre las manos,
y tus hijas te velarán una a cada
lado,
como dos serafines pintados en un
cuadro,
muertas de un miedo que no
olvidarán.
Será el fin de tu relación con él,
y lo peor de todo,
es que no conseguiréis separaros.
Quédate con este niño".
Pero ella, es decir yo, está
mirando más allá
de mis palabras
porque tiene una misión.
Yo vengo del futuro,
pero ella clava su mirada en el
pasado.
Ella está determinada a llevar a
cabo el sacrificio,
para vengar a su madre, y a la
madre de su madre,
el hilo rojo de todas sus mujeres.
No importa cuantas veces deseará
morirse,
ni que este niño ya tenga las
cejas
perfectamente dibujadas,
perfectas y fluctuantes
como filamentos de concha marina.
La niña pequeña la llama, y ella,
es decir yo,
me da la espalda y atraviesa la
hierba,

desaparece tras la puerta de
madera.
Yo vengo del futuro.
Puedo ver en esas caderas
de hierro,
en ese pecho-nido-de pájaro
deshabitado,
más cosas que vendrán,
pero no revelo ninguna.
No puedo oponerme al destino y a
su fuerza,
cada evento colocado como una ola
en el mar
dentro de una ola en el mar,
cada dolor como un bebé
del que te tienes que despedir,
a pesar de su piel tierna y
rosada,
a pesar de sus ojos como caracoles,
un bebé que acunarás y llorarás,
días semanas y meses,
antes de despedirle por fin,
antes de agradecerle.

Te he matado
para **vivir yo**

La muerte de
la abuela

Cuando me dijeron
que había muerto la abuela,
entré de puntillas donde dormía
mi madre.
Su cuerpo respiraba en la camilla,
con la cabeza echada para atrás,
sus párpados eran alas de insecto
pegadas al cráneo.
La habitación alrededor era
negra.
Me quedé escuchando el pitido de
su aliento,
el temblor de sus nudillos en la
sábana,
con esa frase guardada a llave
en mi garganta,
para protegerla yo a ella,
mi madre.
Me quedé quieta dentro un instante
quieto,
una fotografía guardada en un
álbum.
Como aquel que contiene el aliento
por miedo,
pensando que si queda
perfectamente inmóvil,
si no habla ni se mueve,
afuera tampoco ocurrirá,
adentro estará a salvo.

Those two

A las 6.30 mi padre se levanta
y toma la pastilla para la
hipertensión.
A las 7.30 toma la pastilla para la
próstata.
A las 8.15 toma un vaso de agua
templada con limón.
A las 8.30 prepara el zumo de
naranja para mi madre y le echa
las gotas del Trittico en el café.
La mirada de mi madre con
Alzheimer, como un callejón ciego,
como la pregunta lanzada al aire
de un loco
en el pasillo de un psiquiátrico.
A las 9.30 él la asea: le limpia la
cara, le enjabona los pies,
le seca los dedos uno a uno,
enrollados en la toalla.
La viste.
Le ha comprado su crema
antiarrugas favorita,
Helena Rubinstein.
A las 10 salen a pisar la calle
helada, bien abrigados.
Yo les espío desde las hortensias
y el estanque de alisadas piedras
en el patio:
dos viejos flacos cogidos de la
mano
esperando el semáforo verde.
Les conozco desde que he nacido,

he mamado el chupete de su odio
cuando era un bebé rojo y furioso
en la cuna.
Les conozco como se conoce la casa
donde has crecido,
sus cuartos sombríos y el ángulo
donde cae la luz de la mañana.
Cuando cruzan la calle
—ella sujetándose a él como a una
muleta,
él cargando sus huesos para que no
se rompan—
aún no entiendo nada de estos dos.
Es el amor lo que no entiendo.

Es el amor
lo que no entiendo

Es el amor
lo que no entiendo

ES EL AMOR

LO QUE NO ENTIENDO

Cuando ella sonreía
algo parecido al amor
inundaba
las habitaciones

Llamada vida

El sol abanico de oro se abrió
en el letrero de la calle: Old
Brompton Road,
azafranada en el atardecer.
Vivir en Londres con 20 años.
Yo aún no sabía nada de la mujer
que iba a ser,
aún las niñas no habían irrumpido
entre mis piernas
como querubines envueltos en
sangre,
aún no me habían traicionado
ni había traicionado,
ni sabía que llevaba encima a mi
padre
y a mi madre,
invisibles plomos atados a mi
collar.
Bebía una botella de cerveza en
un pub,
acostada en un quieto asombro.
Por un instante asumí mi tránsito,
mi presencia en el mundo.

La felicidad

Primero entro en la habitación de
la niña pequeña
en la mañana,
las sábanas ya estiradas por
debajo del edredón rosa chicle,
los peluches en la almohada como
una fila de dientes,
el corazón plateado de su joyero
en la mesilla
y los bolsitos con chinchetas en la
pared,
todo pertenece a su sitio en la luz
de la mañana,
ella es así de cuidadosa con sus
cosas,
tiene el disfraz de princesa
doblado en la silla,
la falda de azulada gasa y el velo
con lentejuelas
que la convierten en una belleza
azul,
azul y nubosa,
ella es la pasta de azúcar
cuando horneamos un bizcocho,
la mantequilla untada en el fondo
de la marmita
con los dedos,
y la imagino en el cole ahora,
con los lapices y la goma bien
limpios
y el algodón de su pelo recogido
mientras busca

cómo responder a la pregunta de
la profesora,
y los peluches y yo la echamos de
menos
como se echa de menos
el dorado verano.
Luego voy a la habitación de la
grande,
la niña que tiene 12 años y piel
de galleta
y pechos nuevos que surgen
como diminutas colinas
hacia el cielo,
y una compresa encima del cajón
para cuando brote la primera
sangre,
la huella de su cuerpo aún
templada en la sábana
donde duerme toda hacia adentro
como un caracol,
y deslizo un dedo por los muebles
como si quitara el polvo
pero lo que quiero es rastrear el
secreto
que encierra la habitación
donde ella se encierra,
el secreto de su cáscara de huevo,
cálido y denso
un mundo impregnado de líquida
yema
como un huevo lleno,
lo que quiero es el misterio
de su rostro encubierto
como una luna en un lago.
No son ni las diez de la mañana,
escucho el ronco aliento del perro
echado en un claro de luz

y me recuerda horas y días y años
en los que ellas no existían,
pronto el pino de Navidad brillará
cargado de oro en el comedor,
y pregúntame qué es la felicidad
preguntámelo cuando lluevan
ranas
y sople el viento furioso del
olvido,
y yo contestaré que la felicidad
es el oculto tesoro que se ampara
en estas habitaciones.

Te cuento un cuento

Mi hermana con cuatro años soñaba
cada noche
con la muerte.
Tenía ojos azul-china de muñeca
y una boca llorona.
Cuando tenía cuatro años ella se
comió
el corazón crudo de mi padre,
como se come un churrasco de
ternera.
Eso fue antes de que ella
decidiera
enterrarse en su habitación
y convertirse en muñeca azul-
china-con-látigo.
Volvieron de un paseo ella y
nuestro padre,
su mano tumbada en la manita de
ella
como un sapo aplastado
y gotas de sangre relucían en
los colmillos de mi hermana.
Se lo había comido todo
hasta la última blanda pulpa
con grasa,
del hambre que tenía.
Y yo para vengarme le conté
que existía la muerte.

Cuando mi padre me dijo
Ojalá no hubieras nacido

Cuando yo dije
que el tío me había tocado
y mi madre me dijo
Tú tienes la culpa

cerrar
el ciclo
de
violencia

A mi primer aborto que ahora tendría 20 años

"Y me pregunto
cómo sobrevivir
a lo que es frágil "
(Anne Sexton)

Un feto es un saco de células y
sangre.
Así lo explica el doctor,
agachado entre mis piernas
abiertas
patas de conejo listo para el
matadero.
Cae la lluvia a chorros.
Se empapan los eucaliptos,
y las flores amarillas,
y los densos pinos,
pardos y empapados.
Una cortina de agua detrás de la
ventana.
Silencio lleno de agua, en la
sala.
Yo respiro quieta
como una lagartija en la pared.

"Abre las piernas y relájate".

No cierro los ojos.
No pido anestesia
para sufrir contigo.
La enfermera me agarra la mano,

estás helada, dice.
La mano del doctor entra en mi
vacío,
te busca.
Hurgando entre mis paredes,
una excavadora lista
para demoler.
Es terrible estar tan abierta
delante de cualquiera.
El doctor te encuentra.
Tú estás ahí, pulsando.

"Serán unos pocos minutos".

Tengo ganas de fumar,
disolverme en un dulce cigarrillo.
El psicólogo de la seguridad
social
ojos-de-sapo-con-formularios
me ha preguntado porqué quiero
abortar.
He firmado un papel.
Estas cosas pueden pasar
pero es mejor que no pasen.
He sido ciega en mi amor
soy más ciega que un gusano
en un calcetín
y no quiero un hijo ciego.

"Ahora respira hondo".

Me están vaciando,
con calambres.
Aprieto los dientes para no
gritar.
No hace falta anestesia,
dice el doctor.

Yo digo: este dolor no es para
tanto.
Aprendí a mentir de pequeña,
delante de la mirada de mis
padres.
Quiero decir a este doctor
 —pero no lo digo:
Qué trabajo extraño tienes.
Afuera llueve
y la hiedra se volverá verde,
verde.

"Faltan diez segundos".

Diez segundos para extraer
los últimos restos de un hijo.
Que no quede nada allí dentro.
Años más tarde te pondré un
nombre,
que me llegará en sueño.
Al contárselo tu padre se echará a
reir.
Es un nombre ridículo, dirá.
Los últimos diez segundos
son los que duelen.
Cierro los ojos y me veo.

"Ya está".

El doctor va a enjuagarse las
manos,
la enfermera me ayuda a
levantarme.
Michelle, se llama,
sus ojos brillan como moras
mojadas.
Me acompaña a la sala de espera,

entre las mujeres.
La ausencia del hombre en la sala
es una noche sin luna en el
campo.
Somos un desfile de mujeres
listas para volver a casa,
cadauna con su bebé abortado
colgando del cuello.

"Todos cometemos errores".

Doy las gracias en recepción
antes de irme.
Me han educado así, para el
ejército.
Have a nice weekend.
Ha parado de llover.
En la acera resplandecen hojas
muertas,
que voy pisando.
Tengo un corte.
En casa me acurruco en la bola
del dolor.

"Tú ya no estás".

Tu padre aparece por la noche,
con un ramo de flores secas
y el dinero exacto en un sobre.
Al abrir la puerta entran con él
en la cocina
pájaros de nieve.
Distintas densidades de hielo
se forman a nuestro alrededor.
Estoy sangrando.

"Te he matado para vivir yo".

El tiempo se abre
como un abanico de madera.
Ahora tengo hijos
que tienen nombre
que tienen padre
que tienen tiempo.
Un día he bajado al infierno
de los niños no nacidos
y te he reconocido,
tu rostro en el vapor de lava,
tus manos de árbol quemado.
Los niños gritaban
para ser vistos,
una hilera de brazos ardiendo.
En el infierno te acuné
pero tuve que despedirme.
Tú no lloraste.

"La culpa es una anestesia del
dolor
y no podemos llorar todo el tiempo."

Hoy cae la nieve, en blanco
silencio.
Fue en septiembre, no recuerdo
más.
Fue cerca de la matanza de las
Torres Gemelas.
Han transcurrido 20 años.
20 heladas y 20 amarillas
primaveras.
Hoy he recibido un mensaje de tu
padre,
vive en Holanda con una mujer
y va a terapia.

Dice: era un bonito nombre al
final.
Dice: siento haber sido
insensible.
Yo digo: No importa. Eso ya fue.
Pero él dice:
you will always be my love.

Estoy en un lugar donde hay
escarcha,
estoy cada vez más cerca
a la hora de mi muerte.
Solo vivimos una vida
de las múltiples posibles
y me pregunto cómo podemos vivir
con tanto olvido.

Ella

con 69 años
seis años después de que su marido
se fuera con otra,
ella hoy mudándose para ir a
vivir
en otra ciudad,
vaciando el piso donde vivieron,
empaquetando los jarrones
y la licuadora,
dejando atrás
para los pobres
la vajilla regalo de matrimonio,
ella con los dedos que tiemblan
cerrando ahora
en el último sesgo de luz
de la tarde
en la última maleta,
la esperanza.

Mi madre ya no me reconoce

Me he despertado en Milán esta
mañana
y mi madre no me reconoce.
Su mirada me ha cruzado
como se cruza una calle vacía,
un paisaje de paso,
una roca.
El barrio de mi infancia
brillaba como una placa de hierro,
las cabezas azules de las
hortensias
tras los negros portales.
He recorrido la ciudad entera
sin tí.
Me he despertado en Milán
esta mañana
y te quiero.

Éste es el botón
que mi madre intentó tragarse,
la última vez que la vi.
Mi madre
tiene Alzheimer.

Un epílogo sobre mi carácter

La voz

Un día – era pequeña–
me acerqué al río, donde jugaban
los niños
del pueblo.
Éramos yo y mi soledad,
una muñeca con los ojos cerrados.
Los niños lanzaban al aire la
pelota
y sus risas eran cascabeles
entre los pinos.
Las rocas musgosas temblaban
en el lecho del río
y mis manos también temblaban.
Mi garganta ardía de sed.
Tenía ganas de sumergir las
piernas
en el río helado,
y no lo hice.
Tenía ganas de beber el rocío
que mojaba las rosas,
y no lo hice.
No me acerqué a los niños.
Nadie me vio.
Cogí el sendero de vuelta a casa,
huyendo,
las agujas de los pinos me picaban
la cara.
Caía el verano,
rojo,
y todo el tiempo resonaba la voz
en mis oídos,
un hilo estirado entre las manos.

La he escuchado más veces,
la voz,
a lo largo de los años,
la he escuchado en las fiestas
y en los bares de copas
y una vez en una boda
con una esposa marroquí,
alta y esbelta
como un cisne negro,
y en las reuniones de trabajo,
y en medio de las multitudes,
y en la soledad,
y en miles de noches
mientras cruzaba Earls Court,
bajo la lluvia fría,
hasta hoy
contigo después de la cama
escucho la voz que me dice
Tú no, cariño,
Tú no.

Christmas Night

El destello del aguanieve
en la farola.
Caminar en la calle
mojada.

Vidrieras con luz
en blancas mansiones,
mesas en lino
y el brandy de Navidad.

Tú y un vals de Strauss.
Las voces de las familias reunidas
cuando estás sola.

Amapolas en febrero

Me duele
el corazón rojo de las amapolas,
parpadeando en el viento,
como pequeñas heridas.
Me recuerdan las flores
enterradas en la nieve,
en los bulevares de Luxemburgo.
Yo corría desde la mañana
con gruesas botas de montaña,
forradas con piel.
¿Adónde iba?
Nadie sabía nada.
El corazón me pesaba 12 kilos,
¿Qué hacía con eso?
No podía parar.
Corría por toda la ciudad,
desde la verde rampa de la
Pétrusse,
y los prostíbulos en la estación
con mujeres pelirrojas desnudas
en la puerta,
hasta los campos de nieve
con los rascacielos de acero,
llenos de gente muy ocupada.
Caía la noche,
y yo aún corriendo.
Caía una lluvia delgada,
como hormigas rojas en la acera
y todo el mundo se retiraba en sus
casas,
bebiendo chocolate caliente o
coñac.

Había algunas familias felices,
con cuatro retoños multilingües
y el fuego chisporroteando en la
chimenea,
y también algún borracho en el
bar,
acurrucado al lado del móvil.
Correr nunca ha sido mi
especialidad.
A parte de esto,
el frío me comía los huesos,
aun que llevaba encima el plumaje
de una oca reventada.
Ya sabes cómo es:
no hay ninguna razón oculta o
especial
detrás de esto.
Simplemente te dan cuerda,
como si fueras un bonito reloj
suizo.
Si te paras,
sabrás que estás muerta.

La duda

Llegó el momento.
Fue justo antes de ser expulsada
entre las piernas de pollo
de mi madre
que decidí que no quería
abandonar el cálido cloroformio
de mi acolchado saco
donde dormía todo el día en mi
diminuta belleza
como un perrito caliente.
Mi alma sin estrenar se alejó de
los gritos locos
y flotó hacia el espacio
intermedio,
una gelatina filosa
en el mar de la duda
deseando irse
pero adónde.
Acudieron dos ángeles
del Departamento de las
Reincarnaciones
para convencerme a nacer.
Eran tripudos y con las mejillas
rechonchas,
como si tuvieran dos manzanas
a cada lado de la boca
sin tragar,
y traían pastel de queso y un
manojo de hojas
atadas con hilo,
la historia de mi futura vida en
detalle.

Tu padre y tu madre te necesitan
para quedar juntos y lanzarse
cuchillos para filete el día de
Navidad,
hay un gato en la calle que
sobrevivirá porque tú le limpiarás
un corte y le darás un cuenco con
leche y nata
y hay hombres que te esperan
impacientes
para hacer un lío de su vida
contigo.
Tú vas a nacer.
Yo no deseaba ninguno de estos
regalos
pero eran tenaces como testigos de
Jehova
los dos ángeles gordinflones,
y empezaron a leer en voz alta el
manojo de hojas,
y yo escuché,
quieta como una hortaliza en la
nevera.
Hoja por hoja leyeron mi vida,
cada evento una bola de futbolín
lanzada con un chasquido de
lengua
en medio del campo.
Me leyeron.
Sobre el llanto mudo de mi madre
alrededor de la cuna
donde me dejarían llorar
y de su pelo ala de murciélago
cubriendo su rostro
y yo dije No.
Sobre el azul china en los ojos de
muñeca

de mi hermana,
y de cómo ella para mi padre sería
la guapa
y yo sería la lista, y yo dije No.
Sobre cuando mi abuela me daría
la espalda para defender
a su hijo favorito,
su corderito amarrado a su pecho
sin leche,
y yo dije No.
Sobre la serpiente de los celos
con los amantes,
su lengua mojada y su veneno
almacenado al lado de las duras
mandíbulas
y yo dije No.
Sobre las noches en Londres
bebiendo whisky puro y caliente
de la botella
hasta entumecerme
y yo dije No.
Y luego me leyeron
que un día llegarían las niñas.
De madrugada,
en el mismo instante en el que
aparece
la luz de limón
goteando entre los tejados
y el mundo se revela en quietud,
como si fuera nuevo.
Me leyeron de cómo saldrían
como pájaros resbaladizos
de mi cuerpo
de cómo las sujetaría
huesos de conejo envueltos en
sangre
y jalea amarillenta

temiendo romperlas
me leyeron de cuando en el
hospital
hallaría el agua en su negra
mirada
donde nadaría durante días y
semanas y meses
y el olor lácteo y resinoso de su
piel
a la que arrullaría como una
golondrina
durante días y semanas y meses
y de cómo apretaría al corazón
sus huesos calientes
en las noches con fiebre
y del día en el que la grande se
cayó
sin saber nadar en la piscina
de cómo se desplomaría hacia el
trémulo fondo
su vestido blanco inflándose
en el agua
como los pétalos de una enorme
flor
y de cómo la agarré
cuando la rescataron
viva y empapada
y milagrosamente intacta
y yo a los ángeles llorando les
grité Sí,
y en el instante mismo me
chutaron
al mundo.

im a whole
nervous breakdown
in miniature

soy toda
un ataque de nervios
en miniatura

(Virginia Woolf)

Haiku

Hombres fumando
en el sol del invierno.
Camino sola.

Soundtrack

The Song of the Golden Dragon (Estas Tonne)

Film Credits (Olafur Arnalds)

Alegría de **vivir** (Ray Heredia)

The Second Waltz Op.99a (Strauss)

Strauss&Co-Medley (Strauss)

Momentary choir version (Olafur Arnalds)

By the Roes (Johans Johansson)

Extremely Loud and Incredibly Close (Alexandre Desplat)

Rain, in your black eyes (Ezio Bosso)

Detrás del miedo (Laura Canoura)

Reasons for being (Deep Watch)

Läg Fyrur Ommü (Olafur Arnalds)

Salud, Dinero y Amor (Los Rodriguez)

Adagio (Secret Garden)

Spiegel im Spiegel (Arvo Part)

The Snow Prelude No 15 (Einaudi by Lavinia Meijer)

Lifeboat (Lovers Rock)

Knowing the Ropes (Michael Nyman)

Tajabone (Ismael Lo)

Yolanda (Pablo Milanés)

Otra vez huyendo y sin despedirme (Alberto Iglesias)

lonely planet

Belgium & Luxembourg

Ghent, Bruges &
Northwest Belgium
p105

Antwerp &
Northeast Belgium
p156

BRUSSELS
p44

Wallonia
p195

Luxembourg
p256

LUXEMBOURG
CITY

Mélissa Monaco, Mark Elliott, Helena Smith

Begijnhof, Bruges (p130)